悟りの風に吹かれて

佐藤康則

まえがき

私たちは、「生きたい」と願って、この世界に生まれてきて、そして「生かされている」と分かるまで、苦悩する存在です。苦悩というコインの裏側には、もちろん楽しみも喜びもありますが、苦悩を超えて、揺るぎのない「安らぎ」を手に入れるには、この世界を創り出した何者かに「生かされている」ことを、頭からも、心からも、完全に納得するより他方法はありません。

これまで、多くの偉大な覚者が、「法」を説いてきました。「法」とは、「安心への道」です。苦悩を吹き飛ばし、幸せを実感するための「求道の道」ともいえます。

現代はますます混迷を深めているように見えますが、闇が深いからこそ、希望や、強い光明に気づくことの出来る時代とも言えます。

尊敬する中国の聖人孔子が、「述べて作らず」と語ったと、論語に記してあります。それは、「私が話すこの世の真理は、もうすでに先人の書に書き記してあることばかりで、それをあらためて話しているにすぎず、新しいことは、何も語ってはいない」という意味になります。

私も、一人の求道者に過ぎませんが、「生かされている」ことを、孔子のような偉大な聖人には、全く及ぶべくもありませんが、それでも、わずかながら「それ」を掴んだものとして、これから求道の道を歩く後輩に、その「道」を伝える責任を強く感じています。

新しい道を示すことはできないかもしれませんが、今の時代を生きる方々に、後輩に、この時代に沿った馴染みやすい言葉で「道」を伝えることが出来たのなら、少しだけでも先人の功績を、未来へつなぐお手伝いが出来ることになるのかもしれません。

「生きたい」から、「生かされている」への道を、これから歩く同志へのエールとして、ここに記させてください。

目次

瞑想

「ただ座れ！」と、道元禅師が話しました。

「幸せへの道」を知りたければ、座禅を通して、自分の内側にあるものを発見しなさいということです。では、自分の内側には何があるのか？

まずは、内臓など目に見えるものがあります。

脳もその一つです。脳は実に性能のよい臓器です。メモリーやハードディスクの容量も多く、座禅瞑想を始めてみようと目を瞑ってみると、あなたは、実にさまざまなことを思い出していくことでしょう。今日の仕事のこと、心配事、嫌いな人のこと、悩み、昨日の出来事、小さい頃の思い出……

あなたの脳に蓄えられている記憶や一時のメモリーは、あなたから落ち着きを奪い、静かに座ることを、悉《ことごと》く邪魔しはじめます。

長短の「記憶」は、「自分の内側にあるもの」を発見していくためには、とっても邪魔なゴミ屑のようなものです。目をつぶる行為は、つまり座禅瞑想は、本当の自分を発見するために欠かせない道具《ツール》ですが、開始当初は、まるで記憶の掃除屋として機能し始めます。雑多なものでごちゃごちゃの頭の中を綺麗に整頓し始めていきます。

それは、人によってはとっても不快なことで、よく「目を瞑って座っていられない」と瞑想の体験初心者が、私にアドバイスを求めてきます。その時は、「それで十分前に進んでいるから、続けてくださいね。頭の中の掃除をしていると思ってね」と伝えます。

ごちゃごちゃの頭の中が綺麗に整理整頓されていくには、かなりの時間を要します。瞑想には、さまざまな効果がありますから、掃除が全てとは言えませんが、掃除をしなければ前に進まないのも事実です。

結論からお伝えしますが、自分の内側には肉体を除けば、「魂」と「精神」と「心」があります。そして、その中の「心」を通して、「宇宙意識」や「神」と呼ばれるものと繋がっています。「神」は、「愛」とも「叡智」とも言い換えることが出来るものです。それは、古来より求道者が、修行を通して発見してきたものです。「宝」とも「幸せの青い鳥」とも言われてきました。

その「幸せの青い鳥」には、座禅瞑想という聖なる行を用いて、誰もが出会うことができます。誰もがです。年齢も特に関係ありません。

誰もが会うことができる「神」ですが、簡単には出会うことができないから「宝」とも呼ばれてきました。その宝探しの旅には、この地球に生まれてきた自分が一体本当は何者なのだと強く知りたいと願う意志が必要です。「求道の精神」です。「菩提心」です。

瞑想は、道具にすぎませんが、お金がかかるものでも、お金を出して習いに行かなければならないものでもなく、誰にでも無償で与えられている神聖な修行です。

放っておけば、欲や不安や、嫉妬や見栄で、汚れ切ってしまう人間という生き物。この業（過去生も含んだあらゆる記憶のこと）が深く、意地汚く、弱い存在を、強く美しい存在へとクリーンアップしてくれる瞑想。

道元禅師は「座れ！！！」と、救いを求めてやってくる求道者に、喝を入れ続けました。禅師が生きた鎌倉時代から数えて、８００年もの時が過ぎ去ろうとする令和日本の空を少し見つめてみてください。今でも禅師が、時空を超えて、欲や不安や、嫉妬や見栄で、堕落し、腐り切った子孫を睨んでは、まなじりに力をこめ、声を大にして、私たちに喝を入れてくれる声が聞こえてきませんか？

「お前たち。本当の自分が何者か思い出すのじゃ！　つべこべいうな！！」

「座れっ――――――！！！　馬鹿者が！！！！」

「喝あ――――――っつ！！！！！」

南無阿弥陀仏

本当のあなたは、阿弥陀仏です。それは、無量の光、無限の光です。それを思い出すために、または、自覚するために修行をします。道を求めて進みます。

「南無阿弥陀仏」という言葉は、名号《みょうごう》と呼ばれ、これまで「阿弥陀様に帰依します」と日本では訳されてきています。しかし、あなたが道を求め、修行を重ねていき、「私は生かされている存在だった」と、はっきり自覚できれば、人間は、何かに帰依する存在ではなく「阿弥陀そのものだ」ということが分かってきます。つまり人は、「創造する力」そのものであり、「天上天下唯我独尊」です。

「南無」は、サンスクリット語で、挨拶という意味です。だから、何かに帰依しますというニュアンスよりも、「私は自分自身の中に眠る阿弥陀に会いにいきます」というニュアンスの方が私には、しっくりきます。

近未来の自分像を、心に繰り返し植え付けて、自己イメージを変えていく作業のことを現代では、「アファメーション」と呼んでいます。あなたの「自己像」は、あなたの潜在意識にプログラムされていますので、あなたが、なりたい自分へと変貌を遂げていくためには、あなたの潜在意識に書き換えを起こす必要があります。

「あなたはあなたが思った通りの人間だ」という金言があります。イスラエル王、ソロモンの言葉だと言われています。つまり、自分のことを優しいと心底思っている方は、優しい方であり、自分のことを飽きっぽいと思っている方は、飽きっぽい人であるということになります。戯言《ざれごと》のようにも聞こえますが、これは事実であり、真理です。言い換えれば、無限の空間に、これが自分という枠をはめているのが人間です。

繰り返しになりますが、心に自分の新たなイメージを植え付けるのがアファメーションという自己変革プログラムです。これは強力なツールです。方法は簡単です。心に「なりたい自分」という種を落としていくだけです。

例えばこんな感じです。

目を瞑り、胸の中心へ向かって言葉を投げます。

「私は努力をし続けるものだ」

「私はいつも明るく朗らかなものだ」

「私は何事にも動じないものだ」

数秒間おいて、そして静かに目を開けます。これで十分成功です。これは、朝でも、夜でもいいので、一日一回、飽きるまで毎日コツコツ続けます。何年か経つと、宣言した新しい自分に生まれ変わっていることを体験し始めます。

さて、どうせ生まれ変われるなら、最高の光に自分を生まれ変わらせればいいわけです。それこそが、南無阿弥陀仏という言葉。つまり「私こそが阿弥陀なのだ」というセルフイメージを、先回りして潜在意識に植え付けていくのです。それは自分が、「神そのもの」であるという自覚です。

誤解の無いように付け加えますが、「私は神様だから特別なのだ」ということではありません。それは自我意識、エゴです。神とは、「自我」のない存在です。そもそも「自我」のない存在だから、私たちには、その姿形が見えないのです。ただし、私たちが「自分となって生きたい」と望んだので、私たちをこの世界に創造し、生かしてくれています。決して表舞台になど出てくることなく、裏方役に徹し続けるのが、神意識です。だから、「私は神です」と宣言すればするほど、あなたは、自分というエゴ意識を薄め、多くの人を支える裏方役としての仕事が出来る存在になっていけます。つまり、この世界を育む栄養として、貴重な水として、多くの実りをもたらせていく光としての道を歩み始めるのです。

親鸞聖人《しょうにん》は、仏道のために出家した人々だけではなく、日本全国をまわり、「南無阿弥陀仏」と唱えれば救われると、市井《しせい》の人々にも説いて回りました。偉業です。四苦八苦の中で生きる民へ、法を説いていった。日本に今、仏陀より伝えられた「慈悲の心」が広がっているのは、こうした先人の仕事があるからです。

さあ、姿勢を正し、腹に力をこめて、力強く淀みのないその声を、あなた自身のハートに届けてみてください。

あなたの時は満ちた！！

「南無阿弥陀仏！」

辛抱こそ

私たちの本質は、無量の光です。阿弥陀仏です。神様そのものです。

神様の光のしずくを胸に秘めて生きている存在です。神様は無私、無相の存在なので、私たちを通して働きます。では、その光はどこから、どのように顕れ、この世界での働きを見せるのでしょうか？

それは、人間の「心」から溢れ出てきます。時に、慈母観音のような優しい行いとして、または、不動明王のような不正を１ミリも許さない猛々しい雄叫びとなって、神はその姿を現します。

心を通じて、私たちは神様の思いと繋がっています。つまり、心は、神様の思いのレセプター（受信器）です。その受信器は、たくさんの「思い」を受け止めることが出来る性能の良いものから、まったく「思い」を受け止めることが出来ない適合外のものまで千差万別です。性能が上がれば上がるほど、良心や、慈悲や、正義がわかるようになります。

そして、性能が上がれば上がるほど、人は、幸せを手に入れることが出来るようになります。幸せになれるのだったら、性能を上げたいと思いませんか？

結論から述べると、心の成長に比例して、受信器の性能が上がります。心の成長とは、噛み砕くと、「優しい心」と、「たくましい心」を育てることです。

「事上磨練《じじょうまれん》」という言葉があります。明の時代の中国に、王陽明という覚者がおりました。彼が残した言葉です。「心は日常の出来事によって磨いていくもの」という意味です。山の中にこもって座禅をし続けても、そこで心が育つことはありません。つまり、日々の生活の葛藤の中で、人格を磨こうと生きるからこそ、人心は育つということになります。

日々起こる出来事に、私たちは、一喜一憂します。

営業マンだったら、売り上げをあげれば嬉しいし、上がらなかったら悔しいですし、会社で叱責されれば落ち込みます。子供を持つ母親は、娘の成長を喜び、彼女が病気を患えば悲しみ、彼女が思春期を迎えて初めて反抗的な態度でもとれば、オロオロすることでしょう。

恋に落ち、恋人が浮気すれば、嫉妬と憎しみの炎を燃え上がらせますし、結婚して子供を授かり、これから家族と幸せを享受しようと意気揚々の自分が、思いがけずの大病を患い、死に直面すれば、（なぜ私ばかりが……）と涙に咽ぶ毎日を過ごします。いじめにあえば、死にたいと思い、詐欺にあって全財産を奪われれば、その怒りの矛先をどこに向けても収まることはないでしょう。

人間は生まれてくると、このように日常生活がいいことばかりが続かない、修羅の場でもあり、四苦八苦の場であり、そして一寸先は闇と化すということを、否が応でも知っていく存在です。目の前に起こる現実をどう捉えなおしていくのか？　悲しみを、苦しみを、理不尽を、どう乗り越えていけばいいのだろう？

宿命であるが故に避けることのできないその苦しみや悲しみこそが、あなたの魂を磨いていきます。

どんなに嫌でも、踏ん張って生きねばならない娑婆こそが、己の魂にとってもっとも大切な修行の場です。言い方を変えれば、逃げずに踏ん張ったものが、己の魂の戦いに勝利することができます。

全ての負だと思える出来事を、己の成長につなげる覚悟が必要です。自分にとって不都合で、嫌なことが起っても、必ず自分に非がなかったのかどうか？　何が原因となって起こったのかを反省することを大切にします。どんなに相手が悪いように見える出来事も、一旦は、すべてを己の責任として受け止めていきます。

また、リフレーミングといって、悪い出来事も、自分にとっては、「これは必要な体験だ、良い経験なのだ」と認識を変えるトレーニングを積んでいくことも、心を育てていくにはとっても大切なことになります。

誰かに騙されても、理不尽な出来事にがんじがらめになっても、また、出口の見えない暗いトンネルが何年もの間続こうとも、いつも誠実に、明るく振る舞い、心の中で、

（天が私を育てようとしてくれている）

と思い直して、全ての出来事に感謝して生きる努力によって、あなたは「辛抱」という「黄金の根」を、心の中で張り巡らせていくことになります。黄金の根が育てば、心は育ちます。心が育てば、あなたはいつか幸せを知ることになる。だから、嫌な出来事こそが、あなたを育ててくれる父であり、父としての神の演舞です。父を愛することです。

負の体験を力に変え、我慢に我慢を重ねて手に入れたその「黄金の根」が伸びた分だけ、「心」という「神の思いのレセプター」を大きなものに変えていきます。そしてそこには、神の愛と智慧がなみなみと注ぎ込まれることでしょう。そして、注がれれば注がれるほど、あなたはあなたの人生を自由に創造的に生きることができ、そして気づけば、幸せの中を歩んでいることを実感していくでしょう。

「求道の道」とは、難行苦行に挑むことではありません。目の前の生活で、黄金の根を伸ばし、どのような風雪にも、耐える心を身につける道です。どれだけの根を張ることができるかが、人生の

勝負の分かれ目です。

「辛抱」という根を、深く、深く、深く伸ばしていきなさい。深く、広く、太く伸ばした分だけ、実りという褒美を受け取ることができます。そしてそれは、あなたの想像をはるかに超えるものとなっていきます。天が与えるご褒美は、いつの時代でも人のちっぽけな頭で考えつくものの遥か彼方をいくものだからです。

涙の先に

本当の自分は、完全無欠のスーパーヒーローです。ルックスや、体型や、背の高さ、成績が悪いなんてことで、他人と比べて酷く落ち込んでしまってみたり、劣等感に苛まれてしまうのが人間ですが、それでも本来のあなたは、何も欠けることのない、パーフェクトな存在です。

人間は、顔、体つき、身長などを、自分で選んで生まれてきているようです。

もちろん既にご存知かもしれませんが、実は、前世の記憶、母体に入る前や胎内の記憶などを、生まれつき覚えている方、また後天的に思い出した方がたくさんいらっしゃいます。また、そうした記憶を聞き出して研究なさっている方が、欧米にも日本にもいらっしゃいます。そうした研究成果を読んでみるとよくわかりますが、人間は生まれる前に、空の上から、父親と母親を選んで生まれてきているようです。必然、自分がどんな顔で生まれて、どこにコンプレックスを持って、思春期にどこで悩むかも、生まれる前から知っていたと想像出来ます。

そうした前提に立ってみると、他人と比較してどうしても生まれてしまうコンプレックスという悩みを、少し違う角度で捉え直すことができるようになります。例えば、こんな感じです。

（こういう体や顔を自分で選んできたんだよな。だったら、この自分で決めたチャレンジを受けてたってやろう！！）

このコンプレックスある人生を自分で選んだと思えれば、少しは余裕が生まれます。後ろではなく、前を向くことが出来ます。なぜ私は、このルックスで、この身長で、この知能で、この時代に、この故郷に、この国籍を選んで生まれてきたのだろうという疑問を持って、答えを求め続ける人生という冒険。人生をこのように捉え直した方が、より自分という存在を楽しんでいけますし、多面的に自分の存在というものを考えることに繋がり、より大きな自分と出会っていけます。少なくとも私はそうでした。一つコンプレックスを乗り越えると、ひとまわり大きな自分へと成長しているのが命だと考えてみてください。

「面に見《あらわ》れ、背に盎《あふ》る」

春秋時代の中国の聖人、孟子の言葉です。人間の内面の美しさや、または醜さが、表情、仕草、姿勢、目の色、後ろ姿などに滲み出るという意味です。

人は、両眼だけで物をみる存在ではありません。誰もが、心の目というものも持っています。だから、後光というか、神々《こうごう》しさというか、透明感のある人に出会うと、私たちは瞬時に惹かれてしまいます。誰もがそのような経験があるはずです。決して、美男子でも美女でもないけれど、かっこいいなあとか、素敵だなあと、どうしても目が離せなくなってしまう人。例えば、金メダルを目指して、日夜努力するスポーツ選手は、どなたも光り輝いていますよね。とっても爽やかで、ずっと見ていたい気持ちにさせてくれます。

反対に、欲まみれの人や、不安や恐ればかりを抱いて生きている人。（どうせ私は……）と愚痴や言い訳ばかりで、卑屈になって生きている人は、灰色のどんよりした雲のようなものをまとい、少し悪臭を放って生きています。つまり、オーラが黒く汚れ切り、体から放たれる光が一筋も見えない状態です。近くで10分も話を聞いていると、胸がムカムカしてきて吐き気を催してしまいます。とっても残念ですが、完全無欠なスーパーヒーローである自分をすっかり忘れて生きていますから、周囲にいる人は、無意識にその人を避けますし、当の本人自身が一番切なくて、苦しんで生きている状態です。１日の中で、楽しいなと思っている時間がほとんどないでしょう。

あなたは何を目指して生きていますか？
あなたは何を欲して生きているのでしょうか？
叶えたい夢はありますか？

あなたがこの世界で、楽しさ、平和、優しさ、円満な豊かさ、そして正義を求めていけば、周囲の人があなたの中に、必ず「白い花」を見つけはじめるでしょう。

それは、清潔で、純真な真実の花です。
そしてその「白い花」を求める道こそが、今よりも大きな自分に出会うための道です。
それは、汗と涙の道です。

流した汗と涙の先でしか咲かない、あなただけの大輪の白い花を咲かせるのです。

祈り

娑婆にこそ、悟りの花が咲きます。

家庭生活、職場での生活、地域のコミュニティの中で、つまり、今あなたの前の人間関係や仕事に、誰よりも強い責任感や向上心を持ってぶつかっていくことが、正しい生活です。求道の道です。道は、どこか遠くのお寺の中にあるわけでもなく、外国にあるのでもなく、まして、どこかの宗教にあるわけはありません。あなたの目の前の現実の生活の中にあります。

そして、その目の前の現実に全力で立ち向かうことの中でのみ、あなたの心の中に、「真実の花」が咲いていくのです。「真実の花」は、あなたの人間性の向上に応じて、その蕾を開いていきます。その開き加減に応じて、あなたは、幸せを享受していきます。

人は、体験と知識を得て、成長していく生き物です。新しい体験には、怪我がつきものです。怪我や失敗のない人生ほど価値は少ないものです。痛みのある経験こそ、苦しい経験こそ、あなたの心が磨かれます。そしてそのあなたのチャレンジフルな体験に、様々な知識をブレンドして「知の恵《知恵》み」としていきます。痛みを避けては、人は幸せにはなれません。挑戦して、立ち向かうことなく人は幸せにはなれません。また、知識がない人に博愛が生まれることはありません。

あなたは、幸せになるためにこの娑婆の世界に生まれてきました。娑婆には、いじめや、嫉妬、理不尽なこと、辛抱しなければいけないこと、努力しなければいけないこと、やっかみ、傲慢さ、金銭的な苦しみ、絶望、争い、裏切り、嘘、おべっか、愛する人との別れ、代わってあげることの出来ない悲しみ、そして憎悪が満ち溢れています。

その一つ一つの人間の汚さと対峙しては、反面教師として学び続けること。
その一つ一つの人間の弱さと対峙しては、正義とは何かを考え続けること。
その一つ一つの人間の狡さと対峙しては、己の慈しみの目を育て続けること。

そして決して逃げずに言葉と行動で相手と対峙していくこと。あなたの出した最善の答えを持って全力でぶつかっていくことです。傷を負うこともあるでしょう。刃で刺されることもあるでしょう。業火の中に放り込まれ、一人の味方もいない地獄を経験することもあるでしょう。

地獄こそあなたの心を磨く阿弥陀の大悲です。阿弥陀は、あなたを崖の上から突き落としてでも、あなたの心の成長を求めることを憚りません。そうすることでしか、あなたに、幸せを受け取らせることはできないからです。

「上求菩提《じょうぐぼだい》　下化衆生《げけしゅじょう》」

仏教の言葉です。

「悟りを目指し、心を磨いていくこと。そして、悟りに応じて、人の役に立っていきなさい」という意味になります。

では、悟りある道とは何か？

それは、「静と動のある生活」です。「動」とは、娑婆でのあらゆる体験です。

そして「静」とは、日夜の座禅です。

座禅に、人生を引っ張らせることです。座禅が人生を引っ張っていきます。日夜の座禅が、あなたに、神仏の風を受け止める「悟道の帆」を掲げさせます。

あなたの命の花が満開を迎えられるように、この世界には神仏の風が、絶え間なく吹いています。

しかし、その風は、悟道の帆を張っている命にしか受け止めることはできません。

あなたにとって必要な学びや体験へは、それが断食であれ、ヒーリングであれ、食事方法であれ、出会いであれ、書籍であれ、さらには奇跡へも能力の開花へも新しい仕事へも、悟道の帆に神仏の風を受けるから導かれていくのです。

そして、この静と動のある生活によって、人は孵化を遂げ、ついにその身に「慈悲と正義」を纏《まと》っていきます。蓮の花を咲かせます。

これが精神を磨く「正しい道」ですが、細く長い茨《いばら》の道のりともなり得ます。ですが、坂道を登るから悟りがあります。悟りがあれば、自己の中から幸せが溢れてきます。溢れる幸せは尽きることのない泉です。やがて湖となり、人々を潤す命の水となり、多くの人の光となり、助けとなっていきます。

悲しみが多い時代だからこそ、「我に、七難八苦を与えたまえ」と祈る求道者を、天は待ち望んでいます。荒れた時代だからこそ、「我が命も、名も、権力もいらぬ」と祈る求道者を、天は待っています。

悟りだけを祈り求める阿呆になりなさい。
世間の常識に負けないことです。
ハートを信じ続けることです。

君なら出来る！

悟り

「道理を知る」とは、「慈悲」と「義」がはっきり分かることです。慈悲は寛容、母の愛です。全てを包含する心。それは宇宙の横軸。そして義は、人としての踏み歩いていく道です。つまり、恩義、忠義、正義の心。それは宇宙の縦軸。

縦軸があって、横軸が活きてきます。正義が抜け落ちていれば、一見それが優しさに見えても、偏った愛へ化けてしまい、または、偽りの愛へと堕ちてしまい、混乱を招く元凶となっていきます。例えるならば、正義を正面に据えない優しさだけで子供を育てると、つまり甘やかしだけで子供を育ててしまうと、ただの使い物にならない餓鬼となってしまうというようなことです。

私は、座禅瞑想を日夜重ねる中で、少しずつ「気づき」を獲得していきました。過去の、どの偉大な覚者も同様の方法を用いたのだと思います。30代前半から中盤に差し掛かり、命とは何かを、神とは何かを、悟りとは何かを知りたいという溢れる思いを止めることが出来ず、日夜の座禅瞑想に導かれたのだと思います。

サンスクリット語で、「気づき」は「悟り」と訳されます。日夜の座禅瞑想、そして天の意志を知りたいと勤勉にあり続ける生活が、私に毎日何かしらの「気づき」をもたらし始めました。いつも神とは何かを問い続けた。出来うるならば、遭遇したい……

この生活態度こそが、誰もが歩むことが出来る、精神を培う安全な道です。古《いにしえ》より続く「悟りの道」とも言い換えることが出来ます。

修験僧のように、山奥に籠もって、断食や滝行などの肉体行で神や神通力を求めた方々もいらっしゃいます。体を死の淵へと追い込み、意識と肉体の境界を失ってしまうような状態を作って（時に生死の境を彷徨《さまよ》うことで）魂の世界に触れることは出来ます。臨死体験もその一つでしょう。しかし、これは誰もが歩ける道ではありません。おそらくほとんどの方が失敗してきたのではないのではないでしょうか？　私はそう疑っています。お釈迦様が、肉体業を捨て、座禅に切り替えて悟りを得たように、天が望む精神向上の道ではありません。また、生まれつき霊感の強い方もいらっしゃいます。これも、前世での荒業の結果としてのものだと考えています。

次元の違う世界と繋がるということは、神や仏という善なる存在と、悪魔や狐といった悪なる存在があなたにアクセスしてくるということですから、悪魔の誘惑、それはエゴをくすぐる詐術のような囁《ささや》きですが、そのおかしさを見抜き、毅然として「悪魔よ、去れ」と言い放つことが出来るところまで心を磨き切っていなければいけません。つまり己のエゴ（不安、恐れ、転じて欲）に、負けない心を養っていなければなりません。

己のエゴに負け、欲をふくらまし、悪神のささやきに負けた方を、たくさん目にしてきました。まずは、精神を培うための正しい求道の道を知ることが大切です。そしてそれは、時を要する道です。今日、明日に、あなたの心が玉のように磨かれる方法は存在しないからです。

話を戻します。座禅瞑想を始めて10年近い歳月が流れていたと思います。いつもの夜の座禅瞑想をしていると、一つの「気づき」を得ました。それは、「正義」についてでした。ずっと探し求めていた何かが、ストンと腹落ちしたような気持ちになったことを記憶しています。視界が開けて、霧が晴れた。

正義について考えていたわけではありませんが、その瞑想の中で、「正義」を捕《つか》まえたことで、愛というぼんやりして説明しづらいものが私の中で輪郭を表しました。それが、私の数多い小さな気づきの体験とは全く次元の違う、大きな気づき体験だといえます。

「死刑制度」について話しておきます。法治社会の日本でも、長く死刑について賛否両論がありま す。あなたは「死刑制度」に賛成でしょうか？　反対でしょうか？

結論から話せば、正義という宇宙の精神の縦軸から鑑みると、死刑制度は必要なこととなります。人は、肉体に「精神」と「心」と「魂」を宿す存在です。そして、「精神」は神にも、そして悪にもなり得る生き物です。万が一、欲心によって悪になり切ってしまった精神は、残念ながら、慈悲や正義を理解出来ない人間以下の獣へと成り下がってしまいます。良心のかけらも見当たらず、たとえ無辜《むこ》なる子供を殺害しても平然と笑っているような化け物。反省を失った精神は、もう人としてこの世界で生きる資格はありません。

正義は、価値観ではありません。神の心であり、この世界に厳然としてあるものです。だから、誰かと議論してぶつかるようなものではありません。正義とは、自分さえよければいいという未熟な精神を、正す心のことを指します。

阿弥陀は、慈悲と正義です。
神は、調和と循環です。
キリスト意識は、人の喜びが我が喜び、人の悲しみが我が悲しみであるワンネス意識です。

心底、相手の立場を思えるようになることが、精神の向上に他なりません。

そして、「悟り」とは、自他一体の境地から湧き出てくる想いそのものです。倒れた人を見れば、手を差し伸べ、悲痛な悲しみにくれる人には寄り添い、未来ある子供達には優しい眼差しを注ぎ、自然が汚れていく姿に胸を痛め、立ち上がる人です。

「悟り」とは「志」です。それは、遠くにあるのではなく、あなたの足元に転がっているものです。

師なるもの

木が朽ちれば、そこに根を張る若木があります。大木であれば、たくさんの若木がその朽ちた幹を踏んで育つことでしょう。どの世界にも、「心と技」を受け渡してくれる先生がいます。偉大な師ほど、自分を踏みつけて伸びていく後輩を、いつも待ち望んでいるものです。また、そのような師だからこそ、たくさんの優秀な生徒を、育て切ることが出来ます。

もっとも駄目な先生は、生徒の卒業を喜ばず、ずっと依存させるように仕向ける先生です。依存させると金品などを運んでくれるからですが、魔境に墜ちた先生は確信犯となって、そのように生徒を囲っていきます。

麻原彰晃というオウム真理教という教団を作った犯罪者がいました。彼と、弟子と呼ばれ可愛がられた若者たちは、「共依存関係」です。おそらく、心に傷のある若者が、その傷を舐めてくれる先生にどっぷりはまったケースだったのでしょう。

共依存とは、例えば、尽くされる男と、尽くすだけの女性のようなものです。

例えば、頼られることだけが生き甲斐の上司と、自分では何も決められない部下です。

支配者と被支配者とでワンセットです。

蓋を開けてみれば、卑屈さを舐め合って慰めあうだけの関係です。いつまでも日の目を見ることはありません。

師は、成長を促す「肥やし」ですが、共依存関係は、成長を止める「毒」です。教えを請う者は、頼り切って奉るのではなく、敬して盗み切るような気構えがいいかと思います。

道元禅師は、著書『学道用心集』のなかで、「正師を得ざれば、学《がく》せざるに如《し》かず」と説いています。「命について学ぶのならば、正しい先生でなければ、学ばない方がましだ」という意味です。人の一生は長いようで短いです。この短い一生で、自分の中にある宝を発見することが出来るかどうかは、あなたが学びを請い願う「師」の力量にも大きく関係してくるでしょう。付け加えますが、たとえ、生きる師に出会えなくてもがっかりすることはありません。古人の書も、素晴らしい師となりえるからです。

しかし出来得るなら、やっぱり正しい実践者と出会い、お付き合いすることをお勧めします。本だけでは全く気づけなかった己への理解が進むことでしょう。あなたが本来何者であるのか?という根本的な宿題を解きたいのならば、それが一番の近道かと思います。私もそうでした。そして、私の場合は、決して一人に拘らず、何人もの先生を師事してきました。それがよかったと、振り返ってみればそう思います。この広い世界には、沢山の良い先生が必ずいらっしゃるはずですから、あなたが発見して、疑問点を質問責めにすればいいと思います。誠実に、そして、オープンに情報を開示してくれるような方なら信頼がおけるのではないでしょうか。

いい先生を見抜くために、大切なことを書いておきたいと思います。

あなたが、自分の中に眠る「仏」を目覚めさせるためには、いくつかの条件をクリアしなければいけません。例えばそれは、これまでの人生で抱えた「心の傷」を癒していくこと。そしてまた、これまでの人生で背負い込んだ「こだわり」を手放していく事です。こだわりとは、歪んだ価値観のことです。魂は、輪廻を重ねますから、「心の傷」も、そして「こだわり」も、この人生で身につけたものだけではなく、過去生に由来するものも存在します。

仏教では、それらをとくに区別する事なく、一括《ひとくく》りに「執着」と名付けています。執着があると、物事を正しく思い、正しく見ることが出来ません。視野が狭いとも、色眼鏡をかけている状態ともいえます。「覚者」とは、その「執着がない状態になった人」と云うことが出来るかと思います。

さて、正師とは、覚者であることが第一条件です。つまり、物事を真っ直ぐに見ることのできる人の事です。特に人は、己の「こだわり」という執着に気付くことが大変難しい。自分が、どのような「こだわり」を持っているのか考えてみても、なかなか思いつかないものです。そして、例え気づいているとしても、今度は手放すことが出来ません。

特に、何度も輪廻転生を重ねて、ぎゅっと握りしめて手放すことをしない「魂のクセ」とも呼べる根強い執着を手放すことは至難の技です。とても難易度が高い。

力量のある正師とは、その「こだわり」を見抜き、そしてその歪みを相手に伝え、時に叱り飛ばし、時に諄々と説いて、相手がその「こだわり」を手放すことを手伝ってくれるような方です。いづれにしても、求めていれば、あなたに応じた先生が現れることだと思います。素晴らしい出逢いに導かれますように。

弟子にとって、師とは踏んで肥やしとしていくものです。素晴らしい先生であれば、真理を求め飢え渇いている若者にとって、己がただ一塊の養分に過ぎないことをよく知っています。

なぜなら、「真理」は決して不変なものではなく、後人によって、時代を経ながら、少しずつ進化されて受け継がれていくからです。進化のない真理など偽物だとよく理解しているからです。

あなたを待っている先生が必ずいます。ゆっくりでいい。歩みを止めることなく、あなたが真実を求め続けることです。出会いまでの時が、ゆっくりとゆっくりと満ちていくでしょう。

立ち顕れしもの

あなたは、「生きたい」と思って生まれてきました。天は、あなたを「生かしたい」と思って産み落としました。魂は、経験する存在です。何度も生まれ変わってはあらゆる経験を重ねていきます。

心は、本来は神様と繋がっているトンネルです。何度も人生を重ねるうちに、その入口や出口は厚い土砂で覆われてしまっています。

正しく生きるとは、まずは土砂を除く努力を始めることです。

豊かに生きるとは、トンネル自体を大きく頑丈にしてその交通量を増やすことです。

トンネルの開通に必要ことは、たった一つで、あなたの精神性を高めることに尽きます。癒しや気づきは後からついてきます。また、トンネル自体を大きく頑丈にするには、コンフォートゾーンに身を置かず、常にチャレンジをし、大きな自分に出会い続けるより他に方法はありません。

精神は生き物です。それを高めるには、必ず人の役に立っていくのだという強い菩提心を持って、娑婆の世界で逃げずに生き抜くことと、そして座禅瞑想を日夜行うことです。

アダムから始まり、キリストで終える大きな旅が、魂の旅路です。

アダムとイブは、食べてはいけないという神の言いつけを破り、善悪の知識の木の実を齧りました。自分の意志で「生きたい」と望んだのです。そして「魂の故郷」から離れます。そこから離れて生きることは、素晴らしい体験であると同時に、あなたに不安と恐れを生み出させました。それが、「エゴ（edge of god）」の正体です。故郷を離れたばかりのあなたは、まだ幼い子供です。何を見るにも、何をするにも、不安や恐れがあなたに襲い掛かります。

それでも、あなたは、勇気を振り絞って、一つ一つのことに立ち向かっていきます。そして、時に誘惑に遭い、欲に負け、挫折や失敗を経験していきます。また、人を憎み、人を害し、人を殺め、修羅となり、鬼となることもあったでしょう。また、人に憎まれ、人に害され、人に殺され、神の存在を笑い、神の存在を否定し、業火に焼かれ、終わることのない苦しみを味わうこともあったでしょう。

あなたの魂の道程は、たった今も続いています。あなたに降りかかるあらゆる体験を、慈悲と正義の心へと変えていく戦いの途上にいます。

あなたの魂の旅路の行く末には、先人である優しく気高いキリストが、両手を広げてあなたを待ち受けています。あなたの旅の終わりを褒め称え、その栄光に祝福を与えるためにです。

彼《キリスト》は、「慈悲と正義」を体に纏《まと》い、人類という友のために死んでいきました。アダムという、この世界に生まれ落ちた一つの魂は、わがままで幼稚な魂であったのに、立派な成人へと変貌を遂げ、我が子でも我が家族のためでもなく、隣人のために涙を流し、その命を他人に呉《く》れてやれるまで、優しい心を育て切っていました。そして、人々の業火を引き受け、その身を十字架に捧げ、魂の故郷へと還っていきました。

あなたも私も魂の故郷へいつか還っていきます。

その時が来れば、あなたも私も必ず隣人のために命を捧げています。

この地球上では、精神の年齢が皆違います。大人の顔をした子供もいれば、子供の顔をした大人がいます。自己中心に生きるものから、他者中心に生きるものが住んでいます。だから、争いが絶えません。みんなが大人なら、みんながキリスト意識にまで自分を高めていれば、憎しみ合い、殺し合うこともなく、いじめや虐待などもなく、地球環境がここまで汚れることもありません。

戦争を無くせ、温暖化を無くせ、核兵器を無くせ、貧困を無くせ、テロを無くせ、感染症を無くせ、原発を無くせ……まったくその通りですよね。

でも、きっと１００年後も１０００年後もそれらは無くなりません。これら全て人間が無くしてしまいたいものは、誰のせいでもなく、一人一人のなかに巣食う人間のエゴから生まれてきているからです。

想像してみてください。世界中の国の代表が集まった中で、誰かが「明日は世界中のみんなでゴミ拾いをしようよ。あらゆる技術も機械も、総動員させてさ！」と提案したら、どんな結果が待っていると思いますか？

一体、どれくらいの人がゴミ拾いに参加してくれるでしょうか？
どれだけの国が参加してくれると思いますか？
あなたは参加してくれますか？

80億人の全ての人が足並みを揃えて、誰も文句も言わず、笑顔でゴミ拾いをしている日が、きっと世界平和が実現できている日ですよね。

１０００年後も世界は変わっていないと先ほど書いてしまいましたが、もちろん私も、いつかは誰もが望むユートピアになって欲しいと心から思っています。目を覆うようなニュースばかりですが、決して諦めているわけではありません。ただの夢想家でもありません。

そのために毎日を歩こうと決めています。私に出来ることはといえば、一人、一人に「求道の種」を手渡して歩くことです。それを多くの方々の心の中に植えてもらって、隣人のために一緒に涙を流せる友を増やしていくことです。世界平和や笑顔あふれる安心に満ちた社会は、そう「天国」は、あなたの心の開発にあるからです。

ならば、友よ、一緒に歩いてくれませんか？

ヨガ

心と体の統一を図ることを、「ヨガ」といいます。

何人ものルーツとなる先生がいらして、派生して流派が生まれ、それらを受け継いだ生徒さんが、それぞれの自国に戻って教室などをされています。皆さんが目にするあの独特なポーズの一つ一つには、それぞれ意味があります。私は、専門家ではありませんので、これ以上はお話しする資格はありませんが、10分程度でも、YouTubeなどの動画を頼りにして、丁寧に教えてくださる先生のお手本通りに体を動かすと、体全体の気が流れ始めることがわかります。また、デトックスが起こるポーズもあり、（吐き気や、咳を催します）一日もしくは、半日の間、とてもスッキリ過ごすことが出来ることに気づきました。

長い歴史の中で、受け継がれてきている伝統のヨガのポーズ自体は、おそらく人が頭で作り出したものは少なく、これは想像ですが、「宇宙からの直観」を形にしたものだと思います。だから、肉体レベルでの効果はもちろんのこと、まだ科学的には立証できない気のレベルでの効果も高いのだろうと考えています。付け加えますが、人間は、肉体と心の体（＝気の体、俗にいうオーラ体）を持っています。

現代は、とくに若い人にとって、心と体の統一を図って、活き活きと自己実現のある人生を送っていくためには、とっても誘惑の多い、厳しい時代を迎えていると思います。それは、スマートフォンの普及とゲームの浸透があるからです。今現在、あまりに度を超えてしまい、悪い方に傾いているように見受けられます。

ゲームには、中毒性がありますので、麻薬やタバコに似ています。自制が弱い者は、昼夜逆転した生活に陥りやすい。また、ゲーム中毒の子供たちは、体を使って遊ぶよりも、家の中をもちろん好みます。体と心のバランスをとにかく崩してしまう方向へ行きやすいのが、このゲーム全盛の時代と言えます。

また、現代はとにかく頭でっかちになってしまうような環境です。許容範囲を超える膨大な情報や知識が、クリック一つで手に出来、また目に飛び込んできて、それによって、不必要な不安と恐れとに、心が掻き立てられます。例えば、陰謀論やフェイクニュースを鵜呑みにし、呼吸や睡眠ですら浅くしてしまうようなことも気をつけたいことの一つです。

人間は、環境に左右されます。令和の環境下は、「依存」と「不安」に巻き込まれやすい「魔」の巣窟が広がっていると思って差し支えありません。心と体のバランスをとにかく崩しやすい。それは、大人も子供も変わりません。

一方人間は、環境に左右されるばかりではなく、環境を作ることが出来る偉大な存在です。神はあなたに創造する力を与えています。

あなたが、心身の統一を図り、ご自分の無限の創造性をこの世界に顕現したいのなら、つまり、心の中の宝を発見したいと考えるならば、まずは、マスメディア（テレビや新聞）とゲームやインターネットの情報を遮断する生活を始めてみてください。そうですね、期間は6年間くらいです。過食が体を壊すように、情報過多も心身のバランスが取れない状態を生みます。つまり、感覚が麻痺していて、情報を過食しているとの自覚もありません。

早寝早起き、そして、朝晩の30分の座禅瞑想と、散歩など運動のある毎日の生活。そして、野菜食中心の食事。また、短くてもいいので、心を耕してくれるような伝統のある宗教書や古今東西の哲学書、また偉人伝や歴史などのジャンルの本を、毎日少しずつでも読み続けていくとよいでしょう。その間、新聞もテレビも、ネットニュースも要りませんし、求めないような生活を送ることです。数ヶ月ほど続ければ、いかに要らぬ情報に左右される生活を送っていたのかに気づけるはずです。

今の時代は、必要なニュースは、あなたが求めなくても、嫌でもスマートフォンの端っこから、ラジオから、食堂のテレビから、また、会社の同僚との会話から入ってきます。それ以上は生きていく上で、さほど必要ないことを、まずは体験してください。内面と向きあう静かな生活を数年過ごせば、自分にとって相応しいニュースなどの情報量がつくづくわかっていきます。食事も粗食が一番ですが、情報も粗食が最善なのです。

ただし、周囲からは、まるで出家僧のように見えてしまうあなたの生活に対して、文句や、あげつらいや、嫌味を言われることが増えるでしょう。ですが、そうした生活を送らなければいけないほど、現代社会はバランスの中心点を見失ってしまっています。

繰り返しになりますが、ヨガは心身の統一です。統一を図るためには、偏りを是正する修養の季節が必要です。一日を座禅に始め、一日を座禅に終える修養の季節は、体からはみ出た心、そして体に満たない心が徐々にバランス良く整えられていく貴重な蘇りの時間。

何度も言いますが、人生は長いようで短い。その短い人生を最大限に輝かすためにも、山に籠ることなく、日常の生活にフルスイングし続けながら、己の修養期間を、自らの意志で用意する必要があります。

愛について

私たちは、「愛」を知りたい、深めたい、体現したいと繰り返し生まれてくる命です。「愛」は、ぼんやりとして捉えにくいものですが、あなたの中にある、「良心」そのものです。

良心とは、「神」そのものです。神＝良心＝愛です。愛を別の言葉で伝えると、「慈悲心」となります。これは仏教で重んじられる言葉に当たります。ですが、どれも抽象的な言葉ですので、これだと凡人の私たちには、愛をうまく掴むことが出来ないので、孔子という聖人が、「愛」＝「仁義」とはっきり具体的に示してくれました。

「仁」とは、「人が二人いる」という漢字です。そして、二人は社会の始まりです。だから、「相手の立場で物事を考える心」となり、「思いやり」となりました。そして、「義」は、前述したように、忠義心、恩義心、正義心という言葉に当たります。これは、人をして人たらしめる心のことを指します。

さあ、愛が孔子によって分解されました。これで、愛を知るとは、深めるとは、常に相手の立場で物事を考える心を育てること、そして、忠義心、恩義心、正義心を育んでいくことになります。

日本では、昔と違って今現在、「義」を教えることを疎かにしてきてしまっています。
（これは、第二次世界大戦で日本が敗戦したことに起因します。６年半もの長い間、アメリカに国が完全に占領され、この間、アメリカの徹底した工作活動がありました。日本軍が全て悪いというプロパガンダ（自虐史観、東京裁判史観）で、国民を洗脳しました。その時から、「義」を見失い、「義」を避け続けてきてしまっています）

正義心については、前章で触れましたので、ここでは、忠義心と、恩義心に触れておきたいと思います。

「恩義心」は、恩返しを忘れない心です。産み育ててくれた両親、先生や友人、自分を育んでくれた人たち、雇用主、お世話になった方々……

相手からもう必要ないと言われても、こちらからは、しつこいくらいに感謝をずっと伝えていくことです。感謝の祈りを忘れないことです。

ご先祖様への感謝も大切なことです。あなたまでの命を繋いだご先祖様は、あなたとのご縁がとても深い存在です。子孫の幸せをいつも願ってくれています。ですが、過ぎたるは及ばざるが如しとあるように、先祖供養に執心する必要はありません。手を合わせ、心からの感謝の祈りを捧げる供養に勝るものはありません。墓前に行けなくても、墓などなくても悲観する必要はありません。

「忠義心」とは、精神性の序列を重んじる心のことを指します。日本では、社長と社員、先生と生徒、先輩と後輩などの上下の礼節を大切にするといったことで、今も残っています。厳しい部活などでは、「上は絶対」という価値観もあるのだと思います。そこにいじめや暴力さえなければ、若い時代は、一つの勉強だと思えば、これはこれでいいと思います。

ただし、本来、「忠義」の意味は、この人生を与えてくれた、生んでくれた天（神）に感謝して最大限その命を輝かせるということになります。己の天命を自覚し、忠実にそれを果たそうとする心です。

あなたは、何のためにこの世界に生まれてきましたか？

何のために、その命が与えられましたか？

ただ与えられているわけではないその命を、天の望みを叶えようと、もしくは、天の道具として召してもらおうと全力で生きているでしょうか？

死んで後悔のない人生は、欲を満たすことにあるのではなく、忠義心を果たしていくことで与えられます。

あなたにだけ見える、あなたにしか修復出来ない「世界の壊れた部分」が、きっとあるはずです。

今は見えなくても、あなたが心の成長を遂げていけば、壊れた世界の一部分が、必ずあなたの目の前に立ちはだかってきます。それは、あなたが、何とかしたいと、心がどうしても惹かれてしまう社会問題です。それは、食料問題かもしれません。虐待の問題かもしれません。農業の衰退、貧困の問題、駅前のシャッター通りのこと、温暖化、アトピー、エネルギー、教育……etc

あなたを生み出した大いなる神は、阿弥陀は、光は、あなたに個性（能力）を与えています。あなたの愛が深くなればなるほど、あなたの個性（能力）を磨きあげるために、シンクロニシティを起こしていきます。そして神は、ゆっくりと、あなたの準備を万全に整えて、壊れた世界を修復するための平和の道具として使っていきます。

あなたには「世界を変える力」が本来備わっています。神はあなたの心のうちに住んでいます。そして、あなたのハートに語りかけ、あなたの個性を活かして、あなたの望むユートピアを実現したいと、いつでもあなたを待っています。あなたのハートを開く鍵は、あなたの愛を深めていくことだけです。

哲人ソクラテスの言葉です。

「さあ、汝自身を知れ！」

カルマについて

「カルマ」は、日本語では「業《ごう》」と訳されます。これは、過去の行いの「記録」です。

その「記録」は、善い心から為された行いと、悪い心から為された行いとに、分けることが出来ます。その一つ一つが天の貯蔵庫に蓄えられていきます。時が満ちれば、寄せては返す波のように、その「記録」をあなた自身が受けとります。過去のあなたの「記録」を通じて、あなたは、必ず相手に与えた正負の気持ちを味わいます。受け取れば、その「記録」は、消え去っていきます。よって、人が不幸を受け取ることなく、幸せに生きていくには、悪心から為される行いを、自らはしなければよいという帰結になります。

密教では、大日如来の「想い、言葉、行い」には、計り知れない慈悲の働きがあるので「三密《さんみつ》」と名付け、人間の「想い、言葉、行い」は煩悩の塊だから「三業《さんごう》」とし区別しました。そこで、三業を大日如来のように１ミリの悪心もない光の塊とするまで、磨きあげることを修行とします。

密教僧には、その独特の修法が与えられるようですが、私の経験上からお伝えできる修養法として最も良いものは、日々の日常生活で、自分の想いと言葉と行いとに細心の注意を払い、「今、大日如来（神様）ならどう思うのか？」「今、大日如来なら、どのような言葉を使うのか？」「今、大日如来なら、どのように行動するのか？」を考えながら、一瞬、一瞬光を目指して、事に当たり続けることです。自分を俯瞰して観る目を養います。

人は、動物でもあるので、本能を宿します。だから、「食べたい」「寝たい」「子供を宿したい」という欲求をなくすことは不可能です。聖人も、覚者も、哲人もこの動物としての本能を失くすことはなかったでしょう。覚者が問題としてきたものは、本能から派生する「欲」です。

例えば、人は、人から理解されない悲しさを募らせて、怒りとします。怒りは二次的なものです。夫婦喧嘩は、悲しさを怒りにまで膨らませて起こることが多いと思います。膨れたものは、必ず破裂します。破裂させることのないように、理解されない悲しさをそのまま、相手に伝えることが仲良しでいる秘訣かもしれません。

同様に「食べたい、寝たい」といった本能を膨らませ、欲としていきます。欲も二次的なものです。例えば「寝たい」は、もっと快適な家で、もっと広い、もっと環境の良い、もっと眺めの良い贅沢な場所が欲しいと、本能から派生して際限なく膨らませることができます。夢のうちは、楽しいものですが、身の丈を超える前で自制を働かせないと必ず火傷を負っていきます。

欲は、二次的なものですが、人は、欲の媒介物としてお金を求めていきます。自己保存欲求が強い方は、独占欲が強く、お金そのものを求め始めます。同様に、権力そのものを求めます。名誉そのものを求めます。全て我が身可愛さから出ます。

カルマはあなたの動機によって記録されていくものです。「悪銭身につかず」とあるように、己の欲を満たすことだけで得たお金や、権力や、名誉は腐臭を放ち、周囲の人を幸せにはしませんし、本人も疲弊し、生きがいと喜びを感じる生活からは遠く離れていきます。

そうならないためには、やはり、「何のためにお金が必要か?」「何のために仕事をしているのか?」「何のために生まれてきたのか?」を、常に、心に問い続けることが肝要です。

また、カルマの話では、よく過去生で悪いことをしていたから、今不幸なのだという考え方をする方々がいます。特に、信者を集めたい宗教家の先生がおっしゃるようなことです。そんなことは、ありません。あなたのこの人生の記録は、プラスマイナスゼロでスタートし、そしてプラスマイナスゼロで終えていくことでしょう。

家族に対して、常に不快な想いをさせ、わがままを通し続ければ、老後は、孤独に苦しみます。老人介護施設で、誰にも笑顔を向けてもらえず、家族の訪問も少なく、苦々しく、そして長く寂しい時間を味わって人生を終えていく。これは、過去生の悪業でしょうか?よくよく人生を見つめていきたいものです。

「逆境」についても、記しておきます。

人生には、誰にでも、必ず何もかもがうまく行かない時期が訪れます。それを逆境と呼びます。試練ともいいます。それは、生まれる前に、ご自分で決めてきたシナリオです。自分の愛を深めるために、生まれる前に自らが用意した脚本です。それは決して、あなたが過去生で悪いことをしたから起きるのではありません。だから、そういう時期には、自分の両足で大地に立ち続けます。どんなに辛く暗く長いトンネルであっても、誠実に、笑顔で、前向きに毎日を過ごすのです。あなたの魂は、この時期に逃げることなく立ち向かえば、必ず、がりがりと磨かれていきます。艱難辛苦こそが、あなたの優しさと正義心を磨き上げてくれます。光を信じて、光を求めるのです。何よりも自分を信じるのです。

「善因善果、悪因悪果」

原因があって、結果が生まれます。

あなたの心の田に生まれる悪心の芽は、大きくなる前に摘んでいくのです。そして、あなたの心に生まれる善心の芽を、いっそ習慣にまで育てるのです。一瞬一瞬が真剣勝負です。人生は、己の汚さ、狡さ、弱さとの決闘です。

自分にだけは、決して負けるな！

会社や国のカルマ

前章では、個人のカルマ（記録）のお話をしました。これは、人間にだけ、当てはまるものではありません。例えば、会社のようなものを考えていただければわかるように、経済を戦争だと捉え、他から奪い続けた会社は、未来には、奪った分だけの、お金、時間、ご縁などのチャンスが消滅します。お金＝時間＝ご縁＝エネルギーです。奪うとは、商品の質を落としても販売価格を下げないことや、下請け企業の利益を、力で吸い上げるなどのことです。

反対に、お客様にサービスを尽くし、満足や喜び、感動を与えた対価として売り上げを捉えているのなら、善い商いだと言えます。正しさに実力が伴えば、断じて滅びません。

神は、「調和と循環」という言葉へと置き換えることができます。そして調和と循環とは、「永遠性」です。だから、会社のあり方を、神に似せていくことで、息の長い繁栄を享受することが出来るということになります。

少しカルマからは、話が逸れますが、会社での「調和と循環」について、一緒に考えてみたいと思います。「調和と循環」とは、自然の姿そのものでもありますね。「自然」は、「新陳代謝」とも言い換えることができます。だから、この４つのキーワード、「調和」「循環」「自然」「新陳代謝」ある会社づくりに取り組むことで、神の似姿となって永続的に繰り返される実りを享受できます。

いくつかあげてみたいと思います。

まずは、社長も含めた社員間の仲の良さが大切です。先輩が後輩を苛《いじ》めるなど、意地悪をする文化がある会社は、お互いの情報の共有も、実務での協力もない状態です。会社を木に例えると、細胞間の水や栄養のやりとりが滞り、成長が止まることに等しい。そのような状態が長く続けば、必然、朽ちていきます。

また例えば、「三方良し」という考え方が、自然の摂理にかなっています。そこには、循環があるからです。「売り手良し、買い手良し、世間良し」であるからこそ、調和が生まれます。自らが奪わない限り、未来において、自分の首が締められることはありません。

適材適所も自然なことですね。適性を判断して人を配置することで、その者の能力が開花します。花は紅、柳は緑と禅語にあるとおりです。

当然ですが、公害を撒き散らすような製品を作って、利を稼げば、いつか必ず社会的精算を受けることになります。「わかっていても……」というのが、世の常ですが、利益は後からついてくるという考えを持ち、人事を尽くして天命を待つことの出来るような、清潔で、社会に尽くす気持ちが強い、そして何より自助努力のある会社が、そこに集う利害関係者の皆さんを幸せにしていきます。

ここで、カルマ（記録）の話に戻ります。会社も、過去を精算していきます。善心よりの活動と、悪心からの活動をカルマ（記録）として、将来のいつかの時点で、必ず受け取っていきます。企業の善心とは何か？　悪心とは何か？　を企業経営者は、誠心誠意考えていきたいものです。社員がいれば、後ろには、必ずそのご家族がおります。成した活動の結果としての、果実であり、成功であり、幸せです。みんなの個性を活かし、幸せの実現を図っていくことが、経営者たる者の責任です。

さて次に、国のカルマ（記録）について、考えてみたいです。建国以来の活動が、天にカルマとして記録されています。それは、未来のいつの日にか、善なる心の行いであっても、悪なる心の行いであっても、自らが与えたものと同じエネルギー、つまり苦しみの感情や、悲しみの感情をもたらすものとして、また反対に、真心を感じる有難いものとして受け取っていきます。

例えば、侵略の歴史が、他国に対して残忍なものであれば、同程度の残忍さを味わうような何かの報いを受け取るのは必然です。

明治23年に、親善のために日本に立ち寄ったオスマントルコの船が、台風によって難波して、乗組員が海に投げ出された事件が起きました。和歌山県大島村樫野の村人たちが、総出で救助をし、救える命を救ったという有名なエルトゥールル号事件です。５００名以上が亡くなった大事件ですが、村人の献身的な救助活動と、介抱により69名の命が助かりました。

この事件より95年が過ぎて一つの奇跡が起きます。イランイラク戦争の勃発の際、脱出出来ず、イランに取り残された日本人２１５名。自衛隊も、民間の航空会社も救援機の派遣を見送るという異常事態に、トルコからの救援機２機が派遣されました。そして、全員の救出に成功。命を懸けた自国機派遣の理由は、エルトゥール号事件での、当時のご恩を返したいというトルコ国民の気持ちでした。これは、やはりカルマの解消だと思います。


国のカルマを考えるにあたって、皆さんには、特に近代史に注目していただきたいです。世界史を眺めてみると、ヨーロッパでは中世の終わりから、長い宗教戦争が始まります。多くの血が流れました。終わると今度は、国家意識が芽生え、そして、国の欲望を満たすために、植民地を求めて世界へ進出していきます。それは、謀略と殺戮《さつりく》の歴史です。さらには、力をつけた国同士での覇権争いも激しくなっていきました。第一次世界大戦では、武器の開発も進み、軍人同士の戦いばかりではなく、一般市民も攻撃の対象とされ、街へ爆弾が落とされ大変な数の市民も犠牲になりました。

それでも争いは終わらず、二度目の世界大戦が起こってしまいます。さらに、米国とソ連の覇権争いが起こり、世界各地で、戦争が繰り返されました。戦費が嵩み、経済が行き詰まったソ連が崩壊してようやく冷戦が終わり、世界には束の間の平和が訪れたように見えましたが、覇権争いは水面下で続き、大国、小国ともにエゴを剥き出しにしてきました。特に大国アメリカの責任は大きく、力で、中東の資源を狙い、宗教戦争、民族紛争に油を注ぎ、秩序の生まれない泥沼のカオスを創り出しています。

皆さんには、今現在の世界が、その目にどう映っていますか？

私の目には、過不足なく、カルマの精算がしっかり起きていると映っています。

繰り返しになりますが、長く牧歌的な中世が終焉し、野心は目覚めました。産業革命が起こりエンジンのかかった植民地主義は、圧倒的な力でもって、弱いものから奪い始めます。それは、目を覆うばかりの悲惨な季節《とき》を刻みました。争いの数、悲しみの数、当事者となった国や地域の多さは、中世とは比較になりませんでした。そしてそれは、必ず精算される記録です。

それを証明するかのように、私たちの身の周りには、ひっきりなしに、身の毛がよだつようなことが起きていきます。これを世紀末だとか、終末だ、と呼ぶのは間違っていて、世界各国が欲望で起こした争い、自分さえよければいいと、人を殺めてきた負の記録を、自ら受け取っているに過ぎません。また、自然から収奪し続けた結果としての災害を受け取っているに過ぎません。

イギリスは、アヘンという麻薬を清国へ密売し、中毒者や、廃人や死亡者を何千万人と生ませた挙句、取り締まりへ動いた清国政府に対して、今度は軍隊を派遣し、フランスと組み、またインドで傭兵を募り先鋒隊として使いながら、力で制圧していきました。

非道です。アヘンによって多くの方の人生を狂わせ続け、利益を貪り続けた。それに便乗し、禿鷹《はげたか》のようなアメリカ、ロシアも、また群がっていきました。

またアヘン密売自体は、アヘン戦争以前から、東アジアにおいて、オランダ、フランス、ポルトガルの財政上の支柱でした。収益さえあげられれば、人の命などどうでもよかったのです。事実、台湾などでも多くの命がアヘンによって失われています。


善悪を問わずカルマは、必ず清算されていきます。今現在、中国武漢のウイルス研究所から、世界に漏れていってしまった新型コロナウイルスは、東アジアよりも、イギリス、米国、ロシア、インド、ブラジルなどの西洋や南アジアでその猛威をふるっています。甚大な死者数もさることながら、数多《あまた》の人々を目に見えない恐怖や不安に陥れている事実は、まるでアヘンという麻薬が、西洋人によってアジアにばら撒かれた史実にそっくりです。

その性質も規模感も似ていて、さらに中国を震源としている事実を鑑みると、アヘンを売りつけてアジアを苛《いじ》めた欧米諸国の負の記録《カルマ》が、コロナウイルスの蔓延によって、清算されているのではないかと推理するのは、果たして私の邪推でしょうか？

また、ヨーロッパ・アメリカの先進諸国は、今現在、合法不法を問わず、移民問題に直面しています。過去、暴力で世界の地域、部族、国を蹂躙し続け、富を得てきた国々が、数世紀を経た今現在、世界で一番弱い立場の難民の大量流入によって、国家をぐらぐらと揺り動かされてしまっていることは、単なる偶然でしょうか？　強さではなく、弱さで国を壊すとは、人間にはとても書けないシナリオです。

真理は、科学の進歩が追いついて、ようやく人にわかるように明らかにされていくものです。カルマの精算も、まだ立証出来ていない真理の一つかもしれませんが、しっかり考慮して、人類は、「終末」などという思考停止してしまう愚かな考えに嵌《は》まることなく、大道を外さずに国の歩みを律し続けていく必要があります。

中国古典の「易経」にある言葉、「積善の家に余慶《よけい》あり、不積善の家に余殃《よおう》あり」という言葉を、特に噛み締めていきたいものです。国民の安寧は、これまでの「今」の決断の積み重ねであり、これからの「今」の決断の積み重ねにあるからです。

心の階段（1）

心には成長のステージがあります。魂は生まれ変わりをし、命の体験を重ね、悲しみと喜びを覚え、愛を知り、愛を深めていきます。

空海という日本が生んだ怪僧がいます。彼は、奈良時代末期に生まれ、遣唐使として唐に渡り、恵果《けいか》和尚と出会い、真言密教を受け継いで日本に帰国しました。彼は『十住心論』という著作の中で、人間の心のステージを10段階に分けました。

「動物のような心」が1段階目、次に、「童のような心」……そして9段階目が「華厳の境地」、最後は、「真言密教の境地」と説きました。空海には理解出来ても、言葉も難しく、仏教の知識の積み上げもない現代に生きる私には、ほとんど理解できませんでした。ですが、心というもの、意識というものを考える上で、大変参考になりました。

また、本山博さんという、大正14年、香川県に生まれたヨガ研究者がいらっしゃいます。（偶然ですが、空海も香川に生まれたと言われています）平成27年に亡くなられたようですが、ヨガや宗教や、東洋医学や、気やチャクラの研究などに取り組み、海外でも高い評価を得られた方です。彼の著作、『超感覚的なものとその世界』では、心のステージを3段階に分けて説明しています。そこでは、自我と神意識との対立から、神意識までの一致までが描かれています。

私が経験していることを述べさせていただきます。私は、クンダリーニ体験をしています。これが起きて、私の場合は心の体にある7つのチャクラが全開になり、気の世界を感知できるようになりました。チャクラとは、心の体にある気の通り道の交差点のことです。気の世界とは、肉体を超えた次元のことです。

こうした自身の経験があって、そしてまた瞑想中の直観もあり、チャクラというものは、心の成長に伴って、一つ一つ大きく綺麗に回転していくことがわかりましたので、心の階段は何段階ありますか？　と人から問われれば、チャクラに応じた7段階の心のステージがあると答えます。

7つの段階とは、体を大切にすること、勇気心、感情の制御、慈悲と正義の心、真っ直ぐに表現する力、直観力、そして感謝する心を、それぞれ鍛えあげることですが、また、全ての項目は、繋がりあって成長し階段を登るともいえますから、実際は、はっきりと分けて考えることは難しく、心のステージは結局、一つの長い坂道と伝えた方が正解に近いのかもしれません。

話を進めます。チャクラが全開となり、さらに神の心と、私の心のトンネルの開通が進むと、本山博さんが述べた神意識との一致の段階、つまり最後のステージにまで到達していきます。精神世界の言葉では、神に出会うとも、ワンネスの体験があると言われているかと思います。私に限っていえば、とても劇的な体験とは言えませんが、瞑想中、静かに神に出会いました。正直に言えば、振り返ると、あれが神だったのだろう……という揺るぎのない確信が残っているという感じです。

真っ白い靄《もや》のかかる石畳の上に、ユニコーンのような馬が数頭います。歩いたり、跳ね回ったりしていました。（馬？　ん？　ユニコーンかな……）と考えを巡らせていると、真っ白い靄の中から、ぬっと、何者かが大きな顔を出してきました。顔だけです。あとは全部が靄に覆われていました。私の体の何百倍もある大きな顔です。そのお顔は、西洋風で鼻が高く、目がクリっとしていて、愛らしい顔つきをしています。微笑を讃えて、興味深そうに、こちらを見つめています。（ああ、大きい顔だなあ）と思ってしばらくお顔を眺めていました。何の会話も交わしていませんが、好奇心が強そうで、やんちゃな感じがする優しく大きな眼差しで、ずっと私を肯定してくれている印象でした。瞳は小さかったな……。そして、しばらくすると、また靄の奥にすうっと消えていきました。それで、出会いは終わりました。後日どなたかの書籍の中で、神は人によって顔や形を変えるというような記載がありました。真偽はさておいて、神とは、もともと無相無形の意識だと感じます。人智ではかれるものではありませんので、そこは空想を楽しめばいいかと思っています。

その後の変化についても書きたいと思います。そのような不思議なお顔との出会いの前まで、私はチャネリングに苦しんでいました。気の世界が分かるとは、気の世界の住人と交流をするということでもあります。そこには、神仏もいれば、狐も、悪魔も、死んだ霊もいます。目に見えないそれらの存在から、アクセスされるようになっていきます。チャネリングは、個人差があると思いますが、簡潔に申すと、言葉が聞こえてくるわけではありません。そのほとんどは、私の場合、体感を通じてのコミュニケーションになります。サードアイと呼ばれる第6チャクラや、頭頂部などの感覚によるコミュニケーションが当時は多かったことを記憶しています。また同時にそれらは、首のあたりにビリビリとした気を送ってきていました。

善なる神と悪なる神は、区別するのはおそらく大変難易度が高いことです。善神も悪神も神であることには変わりはないからです。ですから、初心者の私は、チャネリング情報を鵜呑みにして、人に迷惑をかけることがありました。狐憑《きつねつ》きの状態で人生の選択を委ねていくと、どうなるのか？そこには、あらゆる不調和が待っています。それもジリジリと時間をかけて追い込まれて、気づいた時には、人間関係の不和、仕事の行き詰まり、体の不調、借金などの落とし穴にはまってしまっています。後日分かったことですが、この話は、聖書にも、お釈迦様のお話にも出てきています。キリストは、サタンに出会い、釈尊は降魔《ごうま》にあいます。お二人とも人々へ救済を述べ伝え始める一歩手前の段階で、悪魔の誘惑にあい、跳ね除けていきました。

私の場合は、キリストや、釈迦のように誘惑に揺らぐことなく退散させるといったことにはならず、一旦は完全に悪に飲まれてしまい、大切な友人に迷惑をかけてしまいました。そこで、私は、もう二度とチャネリングして事を進めるのは止めようと決意しました。

しかし、悪魔を退けた後、神と出会い、我が心のトンネルの浄化が進んだ感覚が芽生えると、つまり、天までトンネルが、どーんと一直線の光のパイプのような状態になると、大きな変化が起きていきました。そこに至ると、別人格の何者かが、自分の体を覆うようになったのです。

例えるならそれは、透明な着ぐるみを着ている感じです。いつも私の体の周囲に、別人格の透明な何者かがいます。そして、この目には見えない別人格の何者かが、求めれば私の生活をサポートしていくようになります。外から来るチャネリングは、どのような存在がアクセスしてくるのかは、目に見えるわけではないのでよくわかりません。しかし、この自分の体を覆った何者かによるアクセスに限っては、情報の出処は明確です。毎日をともに過ごすことで、私を騙すことのない信用のおける存在だということが、時間はかかりますがわかっていきました。

この状態を仏教界では、「即身成仏」としてきたのではないかと思っています。これを空海は体験し、多くの弟子に伝えていたのだろうと考えています。つまり、この世で、生き仏になれると……これは仏教に限ったことではなく、それぞれの宗教で同様にぼんやりと語られています。キリスト教はキリスト者とし、儒教は天人合一だとし、神道では現人神という言葉になります。

今現在、「ハイヤーセルフと一体になる」という言葉が、精神世界で語られることが多くなってきました。これも成仏という言葉と同義と考えています。

別人格の何かが、何者であっても、どのような呼び方でも構いませんが、この何者かは、慈悲と正義を知るものには違いありません。そして、智慧の宝庫とも呼べるし、人生のナビゲーターとも言い換えることができる存在です。あなたの体のこと、あなたの読むべき本、知らない街の食堂のことや電車の時間など身近なことから、国のカルマのことや、命のことなど……。求めれば、遅すぎず、そして早すぎることないタイミングで、過不足なく見事に解を与えてくれる存在です。

その示唆の仕方はさまざまですが、一つあげるとすれば、私の意志とは関係なく私の手足や首を動かします。ハンドルを切って道を示唆し、書店では、本やＤＶＤへ手を伸ばしてカゴに入れ、ランチするお店を探していると、私の顔を動かして、情報を与えてくれます。

そして例えば、彼が選ぶ入ったことのないレストランや食堂はいつも良心的なオーナーや店員がいるお店で、その度に（人間性をきちんと見て、神様は縁づくりをバックアップするんだな）といつも驚きますし、感心してしまいます。

誤解のないように伝えますが、たとえハイヤーセルフを纏ったとしても、あなたの自由な意志が削がれることは決してありません。そして、全ての選択を任せ切ってしまっても、四苦八苦がなくなることもありません。むしろ、新しいチャレンジへと促され、精神的なきつい筋トレをさせられることの方が多いのかもしれません。出口の見えない迷路に入ることもしばしばです。しかし、そうであってもこの何者かをナビとして信じるに足ると言い切れるのは、その苦しい体験も乗り切ってみると、必ず己の器がひとまわり大きくなっていることが分かりますし、己の天命を果たしていくための必要な肥やしだったのだと後から気づくためです。

「それ」はこのように、あなたの命の自己実現を願うどこまでも優しく厳しい父母のような存在です。しかし、禅の言葉にある「不動心」は、このように何者かを纏った状態から芽生えてきます。なぜなら、全ての出来事は、因果から起こっていることがわかり、また神はいつでも自由にその因果に介入することがわかり、その創造力は山をも動かすほどのもので、人間の心を通じてその創造性を発揮していくことがわかってくるからです。つまり、人生の全ては神の御手の上の出来事であり、且つ神の子である己の存在が神の如く大きいということも理解できてくるのです。

心の階段を登り切ったとしても、その先も変わらず、人は学び、体験と成長を続けることに何ら変わりはありません。また、油断するとエゴから生まれる欲心に飲み込まれてしまうこともあるでしょう。もしかしたら、この先にもまだ見ぬ心の階段があるのかもしれませんが、それならば独り道を切り開くのみです。

しかし、私の経験は、必要な方には全て伝えていこうと思っています。わかったことは全てです。誤解も偏見も生まれることになるかもしれませんが、それを恐れたり、遠慮したりして隠すことは、おそらく私にはできません。そのような生き方は選べません。シェアするからこそ、周囲の人全ての可能性が膨らみます。後に続く方々のためにとって、大切なことであれば、必ず伝え、残していこうと思います。ここまで育ててくれた天への恩返しを果たしていくつもりです。

心の階段（2）

さて、心には確かに、成長のステージがあります。自己中心的な幼稚な意識から、愛に生きる献身的なステージまであることは、誰もが理解出来るかと思います。

もう少し話を進めます。

魂は輪廻する存在ですから、当然生まれ変わりの回数も違えば、経験と学びの深さも違うのです。だからこそ、博愛をすんなり理解出来るような子供も存在するのが、この地球だと思ってください。つまり、見た目や人種は関係なく、心のステージが、幼稚園生、小学生、中学生、高校生、大学生、そして大人まで分かれている状態で、人々がごちゃ混ぜに住んでいるといえます。

だから、言いがかりや、争いや、兄弟喧嘩も夫婦喧嘩も、そして国同士の騙し合いも、戦争も起きていきます。それは必然と言っても過言ではありません。争いや諍《いさか》いを完全になくしてしまうには、全人類の心のステージが「大人」へまで成長することでしか、完全には実現できないと思っています。

忘れないでください。

あなたの本来の姿は、世界に一つしかない花のような存在です。神は栄養です。栄養を受け取る器が心です。心の器を一回り、また一回りと大きくしていけば、たくさんの栄養を受けることが出来る様になります。そして季節は巡り、あなただけの美しい大輪の花を咲かせて、観るものに勇気や優しさを与え、集うものに蜜を与えていきます。そしてあなた自身は、ありのままに、自分らしく咲き誇って、与えられし命に歓喜することでしょう。

あなたが、あなたの心に住まう神に、仏に、天照《あまてらす》に、盧舎那仏《るしゃなぶつ》に、キリストに出会いたいのなら、前述したように、まず初めに、「想い」と、「言葉」と、「行い」を正していきます。心の田には、常に想いが生まれます。その想いが大きくなり言葉となり、言葉が行いを創っていきます。小から大へと想いが変化していきます。心の田んぼに、悪心が芽生えれば、それを引き抜きます。不平不満、愚痴、嘆き、やっかみ、嫉妬があなたの口から零《こぼ》れたら、必ず反省して同じ失敗を繰り返しません。タバコや、夜更かしなどの悪習慣を断ち切ります。そして、何か一つでいいので、陰徳を積む習慣づくりに取り組みます。

習慣形成には１０００日間の継続を要すると、最新の研究で公表されています。経験上、一つ良い生活習慣を身につけると、二つ目、三つ目は、容易に身につけることが出来ます。決めた事とはいえ、やりたくない日も出てきますが、一日に、1回、1行、1分でもいいのでやり続けることが、良い習慣を作るコツです。

この段階では、とくに言葉に対しての意識が上がっていきます。自分の用いる言葉が美しくなっていけば、人と話している時、相手の言葉遣いの美醜《びしゅう》が分かってきます。そして、成功者と言われるような方の言葉遣いが皆すべからく美しいということにも気付いていくことでしょう。言葉が汚れている方……不平や、不満や、常に周りのせいにして文句を言っているような方とお話しをしていると、疲れが出るようになります。それによって、あなたの心の器が一回り大きくなったことがわかります。

「朝こそ全て」という言葉があります。あなたが、頭でっかちの生活を止め「自然」に還れば、朝の過ごし方が変わります。日の出に起き、太陽と月のリズムで1日、1ヶ月を過ごすことが出来るようになっていきます。

早起きをするには、まずは気合を入れて、早く起きる必要があります。太陽の光を浴び、15時間程度すぎて、尚且つ暗くなると、睡眠を促すメラトニンというホルモンが体から徐々に分泌されます。だから、早起きの習慣を身につけるには、早く寝るというよりは、無理してでも早く起き、陽の光を顔に浴びることが大切です。結果として、早く寝るというサイクルが生まれていきます。

朝を制するものは人生を制します。脳は、高速の計算機のようなものですが、疲労と回復を繰り返します。睡眠をとった直後が、もっとも健全に働きます。その朝の時間帯に何を取り入れるのかで人生の差が出ます。微差を大切に生きることです。僅差《きんさ》が自己実現の分かれ目です。

職業、国籍を問わず、どんな世界でもトップリーダーは、その組織において早出するようです。軍隊も、官僚も、政界も経済界も変わりません。トップリーダーになったから早出をしているのではなく、早出をする精神を持つものだから、トップリーダーになるのです。一事が万事です。

朝は、座禅瞑想、散歩やヨガ、読書、仕事の段取り、書き物などに当てるのが良いでしょう。出社してちょっとした掃除や、みんなの机を拭いてあげるなど、陰徳を積むための時間に当てるのも良いでしょう。

こうした朝の生活に目覚めていくことは、心の成長です。陽は登りそして沈むように、惰眠《だみん》を貪《むさぼ》らず、天のリズム、つまり神の心の波長と合致した生活を送ることが出来るようになることも、心の階段を一つ登ったことになります。

この章の最後に、「利」と心の成長について考えてみたいと思います。

私たちは、心が未だ熟さない時、「利」を貪ります。

私たちは、心に蕾をつけて、「利」を追いかけます。

私たちは、心の蕾を膨らまして、「利」とは何かに疑問を持ち、立ち止まります。

私たちは、心の花を咲かせ始めて、我が「利」に意欲を失い、相手だけを「利」するようになります。

私たちは、心の花を大きく咲かせて、相手の「利」と世間の「利」と我が「利」を調和させるようになります。


心は、想いと言葉と行いです。行いは、習慣を作ります。習慣は人格を作り、人格は人生を創ります。光ある人生とは、良い生活習慣を死守し、光に等しい心を練り上げることに他ありません。

「義《人としての正しい行い》は 利の本なり、利は義の和なり」（春秋左氏伝）

永平寺の風

本堂へと続くこの坂道を、一体、どれだけの修行僧が登ったのだろう？　道元禅師は、この場所を訪《おと》ない、「吉祥なり……」と仏の道を継なぐ曹洞禅の聖地と決め、大仏寺（永平寺）を建立した。

摂氏四十度に近い真夏の中にあって、苔むす大木の参道を吹き上げる一陣の風に涼を感じた。求道の修羅と化した若者らも、おそらく修行の合間に、同様の風をその身に受け、仏の慈愛を感じ、畏れ、肌に粟《あわ》したのではないか？

私たちは、それぞれが悠久の時を超えて、我が命への答えを求め続け、彷徨《さまよ》い歩いている一つの魂です。みんなそれぞれ、自分だけの「小さなストーリー」を抱えながら、必死で生きています。明日食べるための糧を得るために、必死で働いています。夢を叶えるために、汗と涙を流し続けています。挫折を味わい、苦しみのどん底に沈みます。そう、命を真剣に生きている。

しかしそんなことは、百も承知と知りながら、道元禅師は、毎日の小さなストーリーを今こそ離れ、「ただ座れ！」と道を求める若者らに、時に優しく、時に厳しく、この吉祥の地で、命の「大きな物語」を語ったことでしょう。

釈尊も、孔子も、イエスも、ソクラテスもその「大きな物語」を語ったことでしょう。命を救済する「大きな物語」が語れなければ、２０００年を遥かに超えて、未だに多くの人々に影響を与え続けるはずがないからです。

しかし、どんなに偉大な覚者でも、寿命が来れば、この世界を去っていく。私が生まれ落ちたこの時代には、釈尊も、孔子も、道元禅師もいませんでした。

時を超えて、彼らと語り合うには、現存する彼らの残した言葉《バイブル》と向き合うしかありませんでしたが、しかしそれだけでは、彼らが若者に心を尽くして語ったであろう「大きな物語」、つまり、命の渇きを癒す、魂救済のストーリーのその全貌が明らかになることはありませんでした。少なくともそれだけでは、私にはわからなかった。渇きが癒されることはなかった。

人は、悩み、苦しむ。そして、喜び、楽しむ。現実の世界で、七転八倒しながらも、「死んだら私はどこへ向かうのだろう?」「命とは一体何なのだ?」と頭の片隅において、誰もが生きているのだと思います。そして人は次第に、飢え渇き、己の魂の救済を求めていくものだと思う。

私たちは、「生きたい」と願って、この世界に生まれてきて、そして「生かされている」と分かるまで、苦悩する存在です。

命には、あなたを救済する「大きな物語」が用意されています。私は、私の「小さな物語」を毎日懸命に紡ぎながら、日常に「座禅」を取り入れ、「大きな物語」を求めていきました。徐々に目の前にその全貌を顕していく「命の物語」が、何よりも私を癒してくれました。私を救ってくれた。人生は、阿弥陀の御手の上にしかないことを知っていきました。そしてこの世界で、たった今、飢え渇いている魂に、ご一緒に「この道」を歩いてほしいと願ってやまないようになるまで、私の命は蘇った。


座れば、あなたの心の中に、神が住まうことを知ることでしょう。

座れば、誰もが、キリストで、誰もが仏だということを知るでしょう。

座れば、あなたの中に眠る才能が、１００％発揮されていくことを知るでしょう。

座れば、あなたが主人公になって、この世界に天国を広げていけることを知るでしょう。浄土が広まっていくことを知るでしょう。


海を知りたければ、海を見にいけばいい。

真理を知りたければ、真理を見にいけばいい。

安心が知りたければ、安心を見にいけばいい。


仏は、依存ある人のもとには、立ち顕われることはないでしょう。

キリストは、義を求めず、天国だけを請い願う人へ、透明で力強いその声を語ることはないでしょう。

阿弥陀は、磨き切った心を持つ人に微笑むのです。

あなたは、この世界を変えていけるほどの力を秘めた存在です。

あなたが、この世界を変えるのですよ。

あなたが、みんなを幸せにしていくのです。

宇宙は、あなたの意識が、宇宙意識と共鳴することを待っています。

一緒に希望へ向かって、働いてくれる友を待っています。

道元禅師は、あなたが、一人で座り出すことを、首を長くして待っています。

あなたには、キリストの声が、ブッダの声が、孔子の声がハートの奥から聞こえているでしょ？

さあ、準備万端です。あなたのフライトの準備は整いました。

道を求めて座るのです。

静かに瞑目すれば、参道を吹き抜ける、あの心地よい「涼風」がそっと頬を撫でるはずです。

あとがき

いかがでしたか？

この本は、「求道」というテーマを直観し、道元禅師の言葉を借りて執筆を始めました。取り掛かったものの、どのように皆さんに、簡潔に、そして内容が浅はかにならないようにお伝えすればいいのか、どの章も、すんなり書き上げることが出来ずに、何度も書き直し、すっきりしない今初夏の天候と自分の心持を重ね合わせて過ごしていました。それでも、ようやくゴールが見えてきた時、ふと永平寺へ行ってみたいなと思いました。

長いドライブの後ようやく辿り着いた福井県、そして、苔むす永平寺。山を背にし、上手に配置された壮大な伽藍堂。大自然と共存する姿は、日本人の感性の高さそのもの。感無量です。

ガイドマップをもらい、しばらく時を忘れて、境内を散策。至る所で、多くの僧が作務衣に身を包んで、箒や雑巾を手に修行していました。鎌倉からの変わらない修行者の姿かと思うと、しみじみ歴史の重厚さに、身が引き締まってしまいます。

西の回廊を登り、いよいよ伽藍の頂上にある法堂の聖観世音菩薩にご挨拶を済ませると、なぜか急に涙が込み上げてきて止まりません。境内に入ってから、ずっと不思議な懐かしさを覚えていた私。とくに法堂の縁側から目線に入ってくる美しく穏やかな山の稜線が胸を締め付けます。

（過去、ここで修行していたんだ……）

（こうして今日ようやく、ここへ来れたのだ。本当に長い時を超えて、ここに戻って来れたのだ）

（ここに導かれたのは、遠い過去の自分が、来世があればまた戻ってこようと己に約束したからだ）

との思いが次々と溢れてきます。その度に、涙が頬をつたいます。

東の回廊を降り、伽藍の中央部に位置する仏殿へ。御本尊の釈迦牟尼仏の前。本書が書き上げられるようにと、両手を合わせた刹那、あの「透明な声」が胸をよぎります。

「……ホウヲツナゲ《法をつなげ》」

瞬間、思考が止まってしまい、そして、魂の体がわなわなと震え出します。

（……！！！……？　もう一度、もう一言……）

それ以上は何もありませんでした。

禅の修行に励んだ過去の己の姿が、確かにその山間《やまあい》にいました。

彼は、今の私の姿を見て、ここまでよくやったと褒めてくれるのでしょうか？

まだまだここからがスタートじゃないかと檄を飛ばすのでしょうか？

自利即利他円満の道は、まだ始まったばかりです。

答えは、これからの私の「道」の途上にあるのだろうと思います。

佐藤　康則（さとう　やすのり）
1974年生まれ。福島県郡山市出身。大学を卒業後、フリーターを経て、平成12年2月に両親の経営する文房具，事務機器販売の会社（(株) ぱるる）へ入社。平成26年8月に代表取締役就任。平成29年5月に内観やカウンセリングを行うために菩耶樹（株）を設立。平成30年1月より、自己実現をお手伝いするためのセミナー「れんの学校」を始める。著書に『瞑想の先』『ど真ん中を歩けば引きこもりは消える』(共に高木書房)。

連絡先　〒963-0221　福島県郡山市字亀田西63番
TEL(024)952-5512　E - MAIL: yasu@paruru.co.jp
株式会社ぱるる
菩耶樹株式会社
代表取締役　佐藤康則

悟りの風に吹かれて
令和３（2021）年12月17日 第１刷発行

著　者　佐藤 康則
表紙イラスト　高野 晨
発行者　斎藤 信二
発行所　株式会社　高木書房
〒116 - 0013
東京都荒川区西日暮里5 - 14 - 4 - 901
電　話　　０３- ５６１５- ２０６２
ＦＡＸ　　０３- ５６１５- ２０６４
メール　　syoboutakagi@dolphin.ocn.ne.jp
印刷・製本　株式会社ワコープラネット

 ISBN978-4-88471-468-0 C0011

瞑想の先
～光り輝いて生きるために～

佐藤康則著　定価８８０円（本体８００円＋税10％）

高木書房刊

著者より一言

普段本を読まないような方にも、楽しく読み進めることができて､命を深く学べる本があってもいいかな？と思いながら書き進め、出版するまで至った思い入れのある本です。瞑想のこと、命のこと、見えない世界のこと、さらに、フランクルやマザーテレサや孔子など私の好きな生き方を貫いた人々を少しずつになりますが紹介しています。

瞑想は難しいものではありませんし、コツコツ続けることで、命という不思議なものが少しずつ読み解けるようになっていきます。

本書では、私の体験したことを織り交ぜながら、瞑想を続けた先にあなたを待ち受けているものは何か？　についての謎が隠されています。ぜひ本書を手に取り、答えを見つける旅に出発してみてください。

どん真中を歩けば引きこもりは消える

令和のヤマトタケルらに捧げる地図

佐藤康則著　定価１０００円（本体９０９円＋税10％）

高木書房刊

著者より一言

私自身、引きこもり問題に携わるようになってからずっと、どうして「引きこもり」が世界と比べても、とても豊かなこの国に生み出されてしまうのかをずっと考えていました。それも、未来ある沢山の子供達がです。

日本人で生まれた命は、日本人として生きることが宿命です。日本人として生きたいと心の奥で感じているのに、そうできないから引きこもってしまっているのではないか？　そのような思いを１冊にまとめました。

日本とは、日本人とは何か？　今、社会にのしかかる重たい暗雲の正体をまっすぐに見つめながら、日本人としてのDNAを活かし生きるための大きな地図を描きました。子供達は社会を写す鏡です。誤魔化しのない美しい日本を取り戻せば、子供達も必ず天岩戸を開き、笑顔を取り戻していくはずです。